SEA OF POET
— Life is Beautiful Peoples —

시인의 바다

| 발간사 |

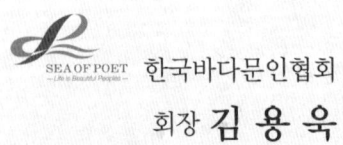 한국바다문인협회
회장 김용욱

제22집을 발간하면서…

내가 잘할 수 있는 일,
내가 하고 싶은 일,
이 두 가지 일을 모두 성취했다면 인생 잘 살고 계신 겁니다.

금회 22집에 참여하신 시인님들께 애정을 보태 박수 보냅니다
그리고 문운 대성하시기를 또한 기원합니다.

모름지기 시인은 언어 표현의 기술자들입니다.
그래서 글쟁이로도 표현하지요.

쟁이의 경지는 프로의 길일 터인데 이는 그만큼 고독을 즐기며
자기 현실을 투자하고 고통을 감내해야만 가능하지요.

우리 문협 태동의 정신은 시 인구의 저변 확대와 문화 창달이라는
거창한 사명감으로 태동하였습니다.

벌써 20여 년이라는, 길다면 긴 세월 동안 제22집까지
시집을 출간해 오면서 고난과 격려와 희생 속에서
많은 보람들을 보듬고 왔습니다.

그러나 그 세월에 비추어 우리가 잘 익어 가고 있는지
맛나게 발효되어 가고 있는지는 뒤돌아볼 때입니다.
심으면 자라고 익어 가는 것이 순리인데 말입니다.

시인이라 함은
자연을 인생을 역사를 철학을 이상을 노래하듯 글로써
그 표현을 하는 '쟁이들'이어야 하며
고로 시인은 그 쟁이답게 생각하고 행동해야 하는 책임을
다함으로써 비로소 완성되는 것이지요.

기도와 절제 속에서 늘 평화를 품을 줄 아는 우리가 돼야 하겠습니다.
그리고 세상에서 제일 멋진 본인 이름 석 자를 빚어내시길 바랍니다.
지금은 이렇게 주름진 세상을 확 펴 줄 시 한 편이 절실한 때입니다.

이번 22집에 함께하신 이제 막 등단한 새내기 시인부터
긴 시간 문학의 길을 걸어오신 시인님까지 함께하십니다.
동인지라 함은 그 함께하는 순수가 맛난 조미료이지요.
늘 행복하시길 바랍니다.

바다라는 큰 의미를 되새김하면서….

| 차례 |

| 발간사 |

| 초대시 |

배 문 석 *9*
너에게 혹은 나에게 | 귀틀집

곽 정 순 *13*
치자나무 연서 | 일상 속 더미들 | 죽도 해변 | 고양이 부엌
방배 사잇길 | 첨단 배달부

김 복 녀 *23*
옥천(沃川) | 매듭 | 시선 저쯤 | 다양성의 존재 속에서 |
이 또한 삶이려니 | 길고양이

石蒜 **김 영 태** *31*
연초록 夢幻 | 別離 | 백장미 | 남이섬 | 겨울비 | 老僧

김옥영 39
처마 끝을 나는 물고기 | 실버카 | 요양병원 | 연가시의 그루밍 | 드라이 플라워 | 비 오는 날

김용욱 47
산정호수 | 삶이란 | 젓가락 | 흑자 인생 | 품 | 허무

남여울 55
찔레꽃 | 수련 | 홍메밀 꽃 | 종이꽃 | 물망초 | 봉숭아

문지연 63
안 단 테 안단테 | 버스 정류장에서 | 아직도 풀지 못한 암호 | 봄. 빛. 햇살 | 빛나지 않아도 괜찮아 | 성 장 통

연용옥 71

아무 생각 없이 웃고 살자고 | 내 손 잡아 주세요 | 봄비 |
그리움 하나, 둘 | 그립다 고니야 | 너울에 갇히다

항심 염기식 79

이유가 없는 삶이 아름답다 | 희망의 시가 흐르는 아침 |
외로움 | 비움의 미학 | 마음에 비가 오는 날이면

염은미 87

갱년기 | 한파주의보 | 장마 | 4월의 서사 | 오늘의 위안 |
그 봄은 온다

이근복 95

부재 | 가을은 아프다 | 동행 | 꿈 | 커피 | 어머니의 고향

基旭 103

부삽 | 백 세 시대의 허기 | 주머니 안쪽 | 마른 꽃향기 |
꽃상여 일기 | 첫사랑

이민아 111
들꽃시인 | 별 이야기 | 나의 하루 | 엄마의 향기 | 또 하나의 나 | 나 위의 나

導昀 이상호 119
우주 먹거리 | 괜히 왔다 간다 (중광) | 수평선 | 우중의 눈물

청송 이정석 129
맷돌 | 낚시꾼 | 호박 | 닭의장 풀꽃 | 대나무 | 대금

허문규 137
코로나바이러스 | 홍시 | 식량의 가치 | 수덕사의 가을 | 음식물 처리기 | 더러워질수록 깨끗해지다

시 작 노 트

시 속에 시인이 산다.

헝클어진 글밭에서 시의 씨앗을 고르듯

맺어진 안부가 궁금하다.

그래서 날마다

닫힌 가슴을 열고 시의 눈빛을 찾아간다.

| 초대시 |

배 문 석

문학과학통섭포럼 상임대표, (사)한국문협 한국문학관건립위원장,
국제PEN한국본부 '2016 세계한글작가대회' 집행위원회 부위원장 역임
(사)국제PEN한국본부 이사 · 인문정보화위원회 위원장
계간문예 기획위원, 한국문협영등포지부 고문
문학人신문 논설주간, 한국문학신문 편집위원
(사)한국통일문학회 이사, 영등포예술인총연합회 부이사장

저서 시집 『황조롱이 날개위에 올라』 『바람 위의 집』
『그 물감에 얼비치는 낯 설음』 외 5권
칼럼선집 『인간의 사회적 통섭 조건』 외 2권

수상 제1회 경북일보문학대전, 제8회 해양문학상, 국보문학 대상
계간문예작가상, 대한민국 시인상 금상, 제4회 영등포문학 대상
제9회 항공문학상 외 다수 수상

너에게 혹은 나에게

배 문 석

숲이 새들을 품듯
내 마음속에도
꽃잎 편지가 빼곡하게 깃들어 있다
하늘도 바람 안고 구름 떼를 몰고 다니듯
계절 넘는 고개에서는 비를 뿌리고
무딘 기다림도
마음에 칠해 둔 색깔들을
빗물에 풀어 놓는다
천지가 꽃밭인 세상,
하늘 한 자락 끊어
무지개 같은 내 마음 매달고
너에게로 편지를 띄운다
하얗게 빛바랜 시간 동안
너에게 보낸 무지개가 너와 나를 이어가듯
풍선처럼 부푼 꿈을
가지런히 가슴속에 심고 있다

귀틀집

맵시 좋은 글을 짓는다
한 땀 한 땀 낱글을 뽑아
백지 위에 수를 놓는다

오뉴월 고운 햇살만 가려
문틀을 엮고
실바람 올을 추려
글틈을 기워 간다

산등성이를 넘어온 봄 그늘 아래
가볍게 이륙할 문장이 깃을 다듬고
마음속 글꽃 피워 날아오른다

마음껏 누비는 샛바람 헛바닥을 빼서
실눈 감듯 먹어치운 하루
땅거미 오른 귀틀집엔

글밭 천지다

시작 노트

시래기와 쓰레기를 혼동해서 구수한 된장국은 쓰레기 국이 되었다

버려야 할 조사를 껴안고 쓰적이던 밤마다

시름시름 앓고 있다

책은 공장에서 찍어 내는 것이 아니고 정교한 인쇄물이다

책은 쓰는 이의 슬기로운 펼침이다

문학에 입문하여 25년을 꾸준히 활동했다

매사에 감사한다

곽 정 순

아호 : 계향(桂響)
2018년 수필 등단
용인 수지 문학회 회원
한국바다문인협회 회원
현대문학사조 부회장

치자나무 연서

곽 정 순

버려진 치자나무 화분을 주워다가 마당에 심었다
버려지는 것은 저항의 힘을 잃고
손 내밀어 세워 줄 누군가에게 기대어 첫걸음을 딛는 것이다

핏기 없는 메마름은
온몸에 온기를 앗아간 무관심,
관심의 언저리를 돌고 돌아 겨우 얻게 되는 끈이다
보살핌은 되돌릴 수 없는 생명에
외과의사가 과감히 도려낼 종양일 것이다

뿌리 깊숙이 밑거름의 힘을 넣어 겨울을 보내고
쏘기하지 않은 간절함으로 비닐 방풍을 쳐주었다
따뜻한 봄바람이 찾아왔지만
돌아오지 못할 인연인 것처럼 소식이 없다

햇볕이 뜨거워진 계절을 잘 견디고
아주 작은 새싹 하나 돋아나왔다
떠나간 사랑이 돌아온단 편지인 듯 반가웠다

장맛비를 견디고 풍성한 잎을 피우고 나면
꽃도 피고 열매도 맺으리라는 기대가 차올라
자주 눈을 끔벅여 보았다
오랜 병치레에 꽃을 피우기 어렵다고 해도
하얀 치자꽃 피는 순백의 칠월
마른 가지를 뚫고 잎이 무성해졌다

버려지는 것에 대한 애증의 기도
천상의 빛으로 잉태할 치자 꽃향기가
짙어갈 기다림을 햇살처럼 보태어 준다

일상 속 더미들

도로는 공사 중이다
작업 차량의 화살표는 일 차선을 붙잡고 잡초를 제거하며
중앙선 보수에 여념이 없다
땟국이 꼬질한 노란 작업복을 입고 더미가 무표정한 얼굴로 서서
제 할 일인 줄 알고 붉은 깃발을 펄럭거렸다
펄럭이는 깃발에 맞춰 자동차들은 질서 있게 차선을 변경한다

한여름 기온은 떡시루의 찜솥
피서 차량이 내뿜는 열기를 고스란히 몸으로 받으며 도로 작업
하는 이들에게 감사하다
그들 덕분에 안전 운행이 믿음과 신뢰가 되었다
인턱으로 저리하던 일들이 로봇의 힘으로 처리되기 시작하면
서부터 노동 인력은 줄어들었다
도로 옆 외진 곳에도 더미가 서 있다
깃발 없어도 무표정하게 제 임무에 충실하다

속도 측정기 앞에도 언제부턴지 깃발 없이
무표정하게 초연히 서 있는 더미
누군가 데려가길 기다리듯 한 발을 내디뎌 걸어갈 준비가 되었다

붉게 물든 서쪽 하늘
힘들었던 하루가 끝난 시간
고개를 숙이고 허리가 묶인 더미는
공사 차량의 화물칸에 실려 간다
차는 밀리고 더위가 기승을 부려도 땀으로 범벅이 된 하루
본분을 다한 더미는 신명 난 깃발처럼 웃어라

깃발 휘날리는 팔뚝으로
지나가는 차량에게 인사하듯 하루 종일 춤을 추던 나이 든 신호수의 몸짓을 보던 날엔 하루 종일 웃음이 났다
포장마차 앞을 지키며 취한 듯한 에어 풍선의 긴 팔을 흔들며
절씨구, 절씨구 춤추는 인형처럼
모두를 즐겁게 하여 주어라
신명 난 깃발처럼 더위를 날리며 자동차도 달릴 테다

죽도 해변

봄바람에 실려 온 파도가
경쾌하게 갯바위에 부서지는
새하얀 자연 분수 쇼!
도시의 군더더기 덜어내고 파도를 타자
바다 위에 태양을 안고 파도를 타자
서핑보드 거침없는 파도 가르기
멋을 불사르는 젊은 힘이 바다의 꽃이 되어
고래의 유영으로 눈을 멈추게 되는 풍경
해송 숲에 묵은 추억들이 날아와
텐트 속 청춘을 불사르던 사연을 기억해 내곤
갯바위에 돌아온 갈매기의 노래
오색 빛 꿈으로 반기는 노란 등대 곁에
사랑의 불꽃 피워 놓고
파도 소리 이끌림에 마음이 방황을 한다 해도
시름 잊은 발걸음 겹겹이 토해낸 바다의 기억을
동글동글 모래알 같은 사연
해변이 그리운 해답 없는 이유

고양이 부엌 방배 사잇길

고양이가 앞치마를 입어요
앞치마에 빨간 고추장이 장미래요
장미는 모두 좋아하죠
떡볶이가 빨개요
맵기도 하고 순하기도 하지만
누구나 좋아해요
어떤 것은 치즈하고 친구래요
어묵을 넣은 걸 더 좋아하는데 당면도 있어요
튀김도 넣고 대파도 듬뿍 넣어 달고 맛나다고 해요
무피클과 단무지는 찰떡궁합이라죠
고양이 장화는 깊어 하얀 떡을 많이 담을 수 있어요
인심이 좋다고 하네요
그래서인지 다들 엄지척을 해요
정말 궁금해요
떡볶이가 치즈를 머금고 걸어가며 웃어요
웃음은 전이된다고 해서 나도 웃음이 나와요
방배동 가는 길은 학생이 많아요
불혹의 대학생도 있어요
성당을 지나고 방배 사거리엔 교회가 있어요
걷다 보면 고양이 장화가 커다랗게 광고를 하는 애견용품점도 있어요
고양이 부엌은 방배동 사잇길에 있지요
인심 좋은 고양이가 부엌을 차지했죠
참 귀엽군요

첨단 배달부

오랜만에 안부를 묻는다
고된 삶의 뒤안길로 발전된 세상에서 잊히면서 지낸
우리들의 일상
아날로그 시대가 그리워지기도 해
우리의 추억은 지난날을 떠올릴 때 더욱 정감이 가고
추억을 들춰 볼 때마다 저절로 미소 짓게 되는 느리지만 여유가 있더라
손 편지나 엽서가 낭만적 향취가 멋스러웠고,
때론 안부를 적고 우표를 붙이고 우체통으로 가야 하는 번거로움에 귀찮아할 때도 있었지
전화로 소식을 주고받을 땐
엄마의 잔소리도 꽤나 불편했었지

모바일로 안부를 묻고 시대의 변화를 실감하는
우리의 일상이 되고 있어
잘 있었지?
긴 세월 내 친구여서 고맙고
추억을 향기롭게 회상하니 기쁘단다

사회에 기여하는 역군으로 살던 사팔육 세대
참 많이 고단했을 텐데
지금도 손주 보느라, 간병인으로 일하느라
생인손 짓무르는구나!
세상이 우리를 청춘으로 여기며 격려한단다

우리는 매일 여러 번 소통해도 금전적 기회비용은
모바일 출연사에서 마음껏 쓰게 해 준다는구나
요즘 아이들처럼 모바일 소식통에서
시대의 흐름을 타고 황금빛 세대로 살아가자

시작 노트

올해의 시는 기억에 남는 추억과

고향에 대한 그리움으로 꾸몄습니다

나이 들면서 '추억을 먹고 산다'는 말이

새삼스럽지 않음을 느낍니다

언제나 돌아갈 수 있는 고향이 있고

추억과 함께 있으니 살아가는 시간에

작은 힘이 됩니다

* 성원해 주시고 기도해 주시는

모든 분께 감사의 인사드리며 건강과 평안을 기원합니다.

김복녀

월간 『문학세계』 시·수필 등단
(사)한국문인협회 회원
한국바다문인협회 정회원
시의전당문인협회 정회원
정형시조의 美 회원

옥천(沃川)

김 복 녀

스무 해 사계절을
오가던 마암리길
작고 큰 야생화가
옹기종기 살던 뜰은

동심을 깊이 묻어둔
딸 아들의 태몽 터

서울 부산 향한 기차
부웅 크게 울리면
차단기 내려앉은
건널목에 멈춘 발길

서울엔 언제 가볼까
유년에 꿈꾸던 곳

매듭

연탄불 위에서 새벽을 열며
뽀글뽀글 끓던 빠알간 국

그 향기에 취한 코는
암팡지게 배를 깨웠다

얼큰 시원한 맛
뼛속까지 든든하고 따뜻했던 정

가스레인지 위 콩나물국은 언제나
촘촘한 거미줄처럼 추억을 엮는다

시선 저쯤

마음에 바람이 일어
저편 너머로 갔더니
설렘은 졸졸 흐르는
물줄기 따라
종착역을 향하고

흰 설로 뒤덮인
한 줄기 작은 가지는
그리움 품은 혼이 되었네

갇힌 마음 툭툭 털어
나 그대를 딤고
기다리는 뜰로 나가니
날 기다려주는 情은
그 어디에도 없고

잔가지마다 눈꽃만 가득 피었더라

다양성의 존재 속에서

두 아이 키우는 데 드는 교육비를
비롯한 생활비가 만만치 않아
이 일 저 일 가리지 않고 혼신을 다할 때
자라는 아이의 모습을 보면
힘든지도 모르고 하던 일
잘 손질된 세탁 배달 10여 년,
여러 유형의 사람을 만났습니다
왜 이런 일을 하느냐는 이
세탁비를 반으로 깎으려는 사람
안쓰러운 듯 아래위를 훑어보는 사람

따뜻한 사람도 많았지요
추운데 고생한다, 많이 덥지요
따뜻한 차 한 잔
냉커피를 타 주던 사람
싫든 좋든 이웃이지요
만남이 마냥 즐거운 건 아니지만
지금 어떻게 살고 있을까
안부가 궁금한 사람들입니다
다양의 사람이 함께 살아가기에
차가움도 따뜻함도 공존하는
그 속에서 다진 마음이랄까
전 그냥 따뜻한 사람이고 싶습니다

이 또한 삶이려니

충격도 주지 않았고
아무것도 건드리지 않았는데
두둑둑 깨지는 소리, 작은 자갈이다

까실하게 입안에서 맴돌던
한 조각 밖으로 튕겨 나오고
비어진 치아 속은 블랙홀

으씨 돈 들어갈 구멍이 생겼어
경제적 개념의 계산이 팍팍
뇌리에서 휘청이는 계산기

윙윙거리는 기계 소리에
하나 둘 셋 그려지는 그림
하 진짜 내 치아는 몇 개나 될까

길고양이

집중호우에
촉촉이 젖은 눈으로 마주쳤다
평소 좋아하지 않은 터라
스치듯 지나쳤는데
며칠이 지나도록
마음에서 떠나질 않았다
무언의 도움을
요청했을지도 모르는데

한 생명으로 태어나
곳곳을 누비며 홀로 살아가는
그 외로움 알 것 같아
스며들 듯 저린 마음
너도 네 어미의 귀한 자식일진대
혀만 차고 돌아선
얄궂은 내 모습이 왠지 섧다

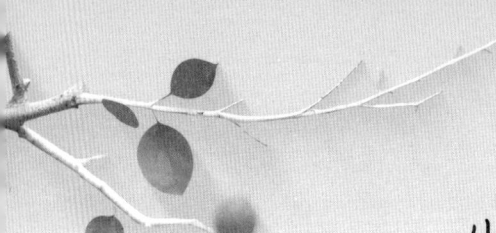

시작노트

흐려지는 시간 속에 여울져 피어오르는

멍울 속 지난 향기가

떨리는 손끝에서 조각조각 부서지기 전에 흔적을 남기려

하얀 백지 위에 새벽을 칠한다.

石蒜 김영태

서울 출생, 경기도 평택시 거주
2016년 12월 행시조 전국 백일장 국회의원 표창 수상
2018년 03월 행시조 전국 백일장 국회의원 표창 수상
계간 한행 문학(2014년 1월~2024년 09월 현재 발표 중) 정회원
한국바다문인협회 동인지 다수 공저 및 정회원
고운글 문학 창간호—2/3/4호 공저
한국문학 대표시선—4 詩 발표

연초록 夢幻

石蒜 김 영 태

햇살 누운 길에서
가슴 달구며
아지랑이 한 잔에
휘청거리다
개울물 적시려고
주저앉으니
버들개지 가녀린 손끝을 따라
전해지는 느낌에
향기 고와도

실바람에 두둥실
마음 싣고서
떠나지 못하는 건
지울 수 없는
연초록
夢幻 속에 멍울 때문에…

別離

나비의 꿈을 안은
하얀 날갯짓
허공에 흐려지는
붓질을 하며
공간 가득가득히
내려 날린다

스치는 바람결에
등을 기대고
저만큼 멀어지는
가지의 정은
연둣빛
그리움이 되고 말겠지

떨어내리면
그뿐
허무만 남아
허나 알지 못하리
봄과 別離를…

백장미

검푸름 속 찢기는
하얀 포말에
어둠 품은 구름 위
등대는 없다

물결은 검게 젖어
펄럭거리며
젖어 드는 여명에
날지 못하고

먹빛 커튼 드리운
아침이 여니
여기는
어디인가 어디쯤인가

오월의 마지막 날 꿈틀거리며
백장미 하얀 향을
갈무리한다

남이섬

북한강 그 물결은
가고 없어도
흔들리는 강물에
어리는 모습
햇살은 보석처럼
반짝이는데
그날의
그 미소는 보이질 않아

기대던 나무둥치
어루만져도
향기 잃은 낙엽만
쌓여 있는 길
강바람이 도닥이는
그날 가을날
조용히
그 가을을 물에 띄운다

겨울비

나목을
적셔 가는 빗방울 따라
맺혀서 번지는 건
이별의 눈물

빈 가지
대롱이다 떨어진 시간
바람에 어깨 기대
멀어져 가고

설운 맘
고개 숙인 늙은 억새꽃
듬성한 머릿결엔
은빛 추억이

별빛을
잃어버린 하늘을 이고
그림자 없는 길을
헤매고 있어…

老僧

해거름 산사 위로
그림자 길고

바리때 매만지는
노승 손끝엔

빛바랜 향기 속에
짙은 애수만

주름진 여울만큼
깊고 깊구나…

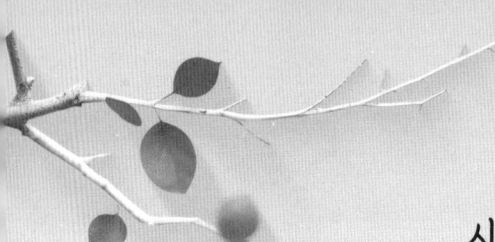

시작 노트

무언가 잃어버린 것 같을 때

이리저리 그리며 머물다 보면

채워지는 그 무엇이 있는

조용히 들여다보는 거울이 된다.

김옥영

한국바다문인협회 회원
공저 시집 『망초꽃 사랑놀이』 외 다수

처마 끝을 나는 물고기

김 옥 영

돌돌 말리며 깎아 내는 한 생
새로 태어나기 위해
에나멜 빛 단단한 껍질 벗겨 낸다

살갗 도려내어 속살 내보이지 않으면
얼마 못 가 곪아 썩을 것이다
햇살마저 바늘 끝인 겨울 무던히 맞으며
물기 여린 살 단단한 피부 될 때
감에서 곶감으로 다시 태어난다

스님 손에 들린 면도칼
무릎 꿇고 있아 머리 내민 사내
뒷덜미 머리카락을 밀어낸다
처마 끝을 날고 있는 물고기
두 눈 부릅뜨고 번뇌의 순간마다
몸 부딪쳐 울음으로 알린다

실버카

비닐하우스 앞 공터
성인 보행 보조차

버려진 유아차 구하기도 어려워
고물 장수에게 부탁해 놓았는데
이장이 그것도 새것으로 준다고 해
지팡이 부지런히 놀려 경로당 마당에서
사진 서너 방 찍고 얻은 실버카

일할 젊은이 없어
굽은 손도 필요하다며 불러
방석 의자 엉덩이에 붙이고
기어가듯 상추를 뜯는다

허리로 가는 손
실버카 손잡이를 꼭 쥐고
한 아름 챙긴 상추를 싣고 돌아오는 길
지는 해도 굽은 등에 업혀 따라온다

요양병원

늦가을 햇살
창 안으로 쏟아져 들어오는 오후
네 개의 침대 나란히 놓여 있다
눈 깜박임 없이 한곳으로만 시선을 두는 침대
혼자 보낼 수 없어 같이 들어왔다는 할아버지
한 번씩 들러 쓰다듬는 손도 얼굴도
마른 낙엽처럼 바스락거린다
이불 걷어내고 엉덩이를 이리저리
움직여 기저귀를 빼낸다
얼굴은 낙엽인데 아래는 봄날 새싹 같다
드러난 푸르른 속살 파르르 햇살에 빛난다
무엇을 잡기라도 할 듯 허우적거리는 손짓
창밖에 나무 몇 개 남아 있지 않은
마른 잎이 이리저리 흔들리고 있다

연가시의 그루밍*

너를 보는 순간 알았어
나의 먹잇감임을
여린 눈빛 속에 사랑을 원하고 있음을
사랑하고 말고 사랑해 몸속 깊이 들어가
너의 모든 것을 나의 것으로 채워 줄게
너는 내가 되는 거야
서서히 길들어 나의 욕망이 너의 원함이 되겠지
널 어떻게 하면 움직이게 할 수 있는지 알거든
그것도 아주 기꺼이
네가 기뻐하며 물로 뛰어들었을 때
너를 놓아줄게
널 내게서 자유롭게 해준다는 말이지만 자유는
그에 걸맞은 대가를 치러야 하거든
숨을 꼴깍이며 그때야 너는 의심이 들겠지
사랑해 너는 사랑스러운 완벽한 나의 작은 집이니까
너의 죽음이 우릴 갈라놓기 전까지는
아니 좀 더 정확히 말하면
내가 너를 필요로 하는 순간까지는

*그루밍(grooming) : '길들이기'라는 뜻으로 성폭력을 용이하게 하거나 은폐하기 위한 행위를 뜻합니다.

드라이 플라워

누구를 위해
무엇을 위해
억지 미소 굳혀야 할까

삶이 선택인 것처럼
보여지고 있지만
난 서서히 말라가는 것 따윈 선택한 적 없다
보드라운 피부가 종잇장처럼 버석거리고
달콤한 향기는 역겨운 냄새로
만지는 순간 바스러져 버릴 미련들

채 피지도 않은 봉오리를
그 빛 그대로 가두고 싶었겠지만
순간의 모든 감정들도 날아가
퇴색되어 향기를 잃었다

사라질 기억 밀봉하듯
추억 하나 곱씹는다지만
먼지로 뒤덮일 뿐
빛바랜 벽걸이 따윈 되고 싶지 않다

피고 지리라
꽃이 그러하듯이

비 오는 날

하늘은 투명한 회색빛이고
앞산의 나무들 무리지어 초록의 짙음이 다르다
빗소리에 창문을 열고 공연히 하늘을 바라보니
바람이 박하 같은 청량함으로 맨살에 스치듯 머문다
커피향이 그리워 뜨거운 커피를 타 코끝에 대어 본다
한 모금 입안에 머금다 천천히 목 넘김 하며
몸속 어디로 퍼지는지
느끼기 위해 집중해 본다
순간 높은 산에 오른 듯 머릿속이 멍해지다
아무것도 없는 진공 상태가 되어가다
진한 커피향으로 다시 메워진다
머릿속은 커피향으로 가득 찬 듯하다
마음속 빈 자리도 커피향으로 가득 채워지길

시작노트

어릴 적 나의 꿈

대통령, 장군, 음악가, 시인,

그런데 말이지요

어줍지만 꿈 하나 이루었으니

끌텅은 파야 할 것이디….

김용욱

한국문인협회 회원
한국바다문인협회 회장

산정호수

김 용 욱

절로 하늘을 바탕에 불러
사계를 품고 사는 잔잔한 화폭에

억새꽃 이불솜 같은 물안개 깔리는 날
명성산은 신선 되어 호사를 누리고

고매한 볕살 흠모하던
아기 나비 날갯짓 따라

도심을 털어버린
시름 잊은 여유가

김삿갓인 양
시를 쓰고 있다

삶이란

대충 살려면
잘되게 해 달라고
기도는 왜 했어

어영부영 살려면
잘되게 해 달라고
기도는 또 왜 했어

꽃 한 번쯤 멋 나게 피워
쪼잔한 향기라도
풍기는 봐야제

어차피
너나 나나
피었다 지는 꽃인걸

젓가락

곧이곧고
정갈하게 살자고

다정하고
동등하게 살자고

나란 나란
품위 있게 살자고

알콩달콩
폼나게,

그리 살다
하나가 구부러지고

그리 살다
하나가 부러지면

밥상 빈자리
누우런 앨범을 파먹기도 하겠지.

흑자 인생

올 년 말 손익 계산서엔
딱 하나만 흑자로세
나이,

이 어려운 시기에
흑자라도 냈으니
얼마나 행복한가.

품

산사엔
엄마 품 활짝 핀 너른 연못이 있지요
불자는 그 심연의 경전에 쉼 없이 묵언을 풀어 놓고
목탁 소리 공명에 기대어 소원을 바라지요

귀퉁이에 비켜선 겸손한 풍경
바람을 불러 다시 마음 곧 세우고
참새들 떼창까지 배려하는 인자하신 미소
늘 이렇게 부처시지요

＊하계사 삼성각에서

허무

들에 핀 꽃 앞에
소녀가 된 할매

사진 속 꽃으로 피었더라면
시들 일 없었을 터인데

지금
마음이 소녀로세

시작노트

농익은 과일처럼 단물이 흡족하면 좋으련만

내 안에서 꿈틀대는 설익은 언어들을 꺼내어

빛을 쪼이고 싶습니다

남 여 울

월간 『문학세계』 시 등단
한국문인협회 회원
한국바다문인협회 부회장
Daum카페 〈시인의 바다〉 지기
시집 『그리움 하나』 외 다수 공저

찔레꽃

남 여 울

간밤에 바람 그리도 치더니
피었다는 이유만으로
찔레꽃잎 온 마당 붉게도 물들었구나
피고 지는 세월이야 어찌 막을까만
이처럼 붉게 울어야 할 아침
어찌하여 그리 더디기만 했다던
함부로 말하지 말자 애당초,
푸른 가시덩굴로 타고 오르며
빛나는 아픔, 꽃이라
섣불리 말하지 말자
울안에 갇혔어도
시린 하늘로만 향한 열정은
원래는 지평선 끝 초록의 광야
밤에는 햇빛을 꿈꾸고
작열하는 태양 아래 이슬 마시고픈 갈증은
서글픈 이 땅
실한 들녘이고 싶었던 것을
벌 나비 흥청대어 짓물렀어도
끝내 사랑해야 할 우리들의 마당
꽃잎 진 자리, 그 아픈 자리
멍울처럼 단단한 씨 하나 품었던 것을.

수련

푸른 하늘 깊게 들이마시고
문득 내려다보니
저 물 위에 하얀 별 하나 내려와 계신다
몇억 광년은 족히 되었을 여정
우주의 어느 마을에서 내려오시느라
피곤도 했겠지만
간밤에 잠 잘 주무셨는지
오늘 한낮 얼굴도 맑다

홍메밀 꽃

햇살의 이마를 밟고
바람 한 조각 둥글게 오려
올곧은 대나무 막대로
굴렁쇠 굴려
그 맑디맑은 눈 속에
풍덩 빠져드네
갈바람에 실려
메밀꽃 서러운 색깔은 멀리 가고
물오른 붉은 달이 치마 속으로 스며드네

종이꽃

꽃 한 송이 피우지 못하고 간들
나무라지 않을게요
꺾어 버리지도 않을게요

홀로 가난한 뜰을 밤새 쥐어박으며
경도도 끝난 어미 새
쥐가 나도록 꿈을 꾸오

꽃은 위기를 느낄 때 핀다 했소
밤을 도와 핀다 했소
할 수 있다 말해 주오 허면,
나는 알을 까는 무모한 시도를 해 볼 참이오.

물망초

잊은 줄은 모르고
기다림만 알던 소녀가
꽃반지 끼고 봄을 가꾼다
그녀의 봄은 늙는 것을 몰라서
사시사철 봉숭아 피고
라일락이 한창인고로
풀 한 포기 없었다
그러던 어느 날엔가
봄이 옅어지고
장미는 붉디붉어
취하도록 향기로울 때
새로운 계절이
조등(弔燈)에
풀빛으로 스며들기 바로 전
꽃잎을 닮은
늙은 여인에게서
무지개 솟았다

봉숭아

아직도 있을까 몰라
눈이 곱던 그 여자

흑석골 주점 골목 순대국밥집
쓸쓸한 백열등은 아직도
붉게 웃고 있을까 몰라

초가을 비에 추적추적 젖어 들어오는
사내들 젓갈 장단에 흐드러지다
가슴 깊숙이
지폐 한 장 찔러주면
배시시 파고들던 그 여자

깨진 유리 벽에 얼굴을 묻고
눈물보다
더 진한 슬픔이 있다며
가늘게 떨던 그 여자

아직도 울 밑에 쭈그리고 앉아
사내들 유혹하고 있을까 몰라

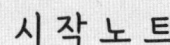

시작노트

언젠가부터 길가에 핀 들꽃과도
눈 맞춤을 하고 이름 없는 풀 한 포기의
생명력이 내게 전해져 오기도 한다.
소소한 일상이 소소함이 아닌
살아 숨 쉬는 언어들로 파도쳐 오기도
한다.
내 안의 꿈틀대는 감정이
향기 머금은 시어로 승화되기를
꿈꾸어 본다.

문지연

한국바다문인협회 정회원

안 단 테 안단테

문 지 연

담쟁이 여린 손끝으로 더듬더듬
거리며 보이지도 않는 저 높은 곳으로
천천히 담벼락에 수를 놓는다
구불구불 한길을 따라
돌아 돌아가는 시간
태평양 같은 넓은 마음 풀어 거친 조약돌 쓰다듬어 어루만져
주는 시간
수없이 많은 별들이 내려앉은 찻잔에 달콤한 고독을 담아
나만의 별 속에 빛을
가득 채우는 가치 있어지는 시간
천천히 아주 천천히
인생을 마시는 시간!

버스 정류장에서

두터운 코트를 걸치고
문을 나서려다
아차!
그리다 만 인물화.
다시 들어가 붉은 앵두 그리고
문을 나서네.
길가의 유리성으로 달려가지만
이내 나를 외면하고 멀어져 가는
커다란 님
아쉬운 마음에 가는 님의
뒷모습을 바라보지만
냉정하게 도망치듯 멀어져 간다.
유리성에 홀로 남아
님이 오는 길목을 바라본다.
아!
내가 기다리던 님의 숫자에
빨갛게 등불이 켜진다.
난 님의 품 안으로 들어갈
준비를 한다.
믿음직한 님은
꿈의 궁전으로 나를 안고 달린다.

아직도 풀지 못한 암호

어제와 다른 오늘
누구에게나 처음 맞이한 날
아무런 예고 없이
훈풍이 불어온다.
냉풍이 불어온다.
이제껏 살아본 적 없는 미지의 날들
컴컴한 어둠 속에 있을 때
밝은 빛은 더욱 간절해지고
쓰디쓴 불행을 겪어본 후에야
평온한 행복에 감사함을 느낀다.
지금에서야 알아진 것들을
예전 그때도 알았더라면
오늘 일어나는 모든 일들은
서툰 지난날의 대가
때로는 개미만 한 일들이
코끼리가 되어 진 적도 있다.
아픈 날도. 보람된 날도. 기쁨의 날도.
아직도 알 수 없는 내일
어제까지의 얼룩은 내려놓고
진흙 속에서도 우아하게 피어나는
연꽃 닮아지고 싶다.

봄. 빛. 햇살

조그만 발 동동 구르며
볕 드는 담을 등에 지고 서서
재잘거리던 그 봄날
키가 큰 옥자도
눈망울이 사슴 같던 양이도
코 찔찔이 강태도 볕 한 자락
차지하고 담벼락에 그림자를
그려놓는다
작은 아이들 뒤로
키가 훌쩍 큰 그림자들이 서성인다
따스한 봄볕에 꼬맹이들이 자라고
그 옆에 봄풀도 덩달아 쑥쑥 자란다
찢어진 검정 고무신 숨 쉴 수 없는 발가락
이제는 동생이 신고 뛰어놀겠네.

빛나지 않아도 괜찮아

보라!
온 세상을 밝히며 떠오르는
붉은 해
서늘한 어둠 속에서 빚어져
솟아오름을.
여린 꽃잎 닮은 그대
감당할 수 없는 삶의 무게
행복으로 초대장이 오지 않아
간절한 기다림은
강렬한 삶의 향기로 젖어 든다
삶이 그려낸 악보에
때로는 별이 뜬다.
때로는 꽃이 만발한다.
때로는 부끄러운 흉터 자국에
설움의 강이 흐른다
그동안 살아 낸 것들에게
다정한 언어로 감싸안으리라.
고목나무에 새순이 돌아 돌아
안아 오르듯이…

성 장 통

멈추지 않는 속삭임
그래!
꿈속인 듯 환상인 듯
운명의 주사위는 던져졌다
단단한 마음 그 속에 울림의 공간
겹겹의 사연 단단히 마디 지으며
새벽이슬로 허기 채우며
쭉! 쭉!
넘치지도 부족하지도 않게
절제하며 흔들림 없이 견디는
그 아픈 성장통!
깊은 밤 대숲에는 또 한마디 오름에
밤새 호랑이 바람이 스쳐 간다

시작 노트

기억을 더듬어 봅니다.

지난겨울 몹시도 추위에 떨었는데 올여름에는 혼이 나가 버렸네요.

추워도 더워도 고민, 사람살이가 다 그런가 봅니다.

멍하다 보니 한 해가 또 휙~

물에 물 탄 듯 술에 술 탄 듯 그렇게

갑진년에도 어김없이 삶의 흔적을 남겨두려 합니다.

문우님들 모두 항상 건강하시고 내년에도 함께해요.

연 용 옥

강원 영월 거주
『한맥문학』 등단(2004년)
한국문인협회 회원
한국바다문인협회 회원(2대 회장 역임)
공저 『사치스러운 사색』 외 다수

아무 생각 없이 웃고 살자고

연 용 옥

어제도 오늘도 문득문득 들던 생각
아무 이유 없이 웃었으면 좋겠다
옳고 그름도 기쁨도 슬픔도 무관하게
그냥 웃고 살았으면 참 좋겠다
그저 미친 사람처럼 마냥 그렇게

언제부턴가 밝은 모습은 가을 낙엽 지듯 흩어져
홀로 있는 것이 좋을 때 있다
한가할 때면 사색에 잠겨 멍때리다가
메모장에 한 줄 글을 남겨두기도 한다

습관처럼 그러기를 몇 해
외로움도 행복의 일부로 여기는 지금
나보다 아내가 조금 더 행복에 가까이
다가설 수 있도록 그를 위한 삶이고 싶다
해 질 녘 따스한 온기가 식는 날까지

내 손 잡아 주세요

평범한 삶이었습니다
꿈도 욕망도 그랬지요
그저 생존했습니다

누구를 위해 애쓰거나
큰 도움도 주지 못했지요
그러는 사이에 늙어 버렸습니다

늦어서 철들었나 봅니다
힘 있고 아쉬움 없을 때는
일으켜 주지도 않았습니다

이제 주변을 살펴 손 내밀게요
내 손 잡아요라고 말할래요
그래야 함께라는 뜻은 알고 가는 거겠지요

봄비

바람이 옷깃을 여미게 한다
봄비가 내린다
많이 아프다

지난날 몰아치는 태풍도 소나기도
온몸으로 무시하며 거침이 없었는데
그리움의 봄비는 두렵기만 하다

새봄이 오면 그때도 오려나
아프다 내 작은 후회들
미안하다는 변명의 조그만 양심

구겨진 삶을 가지런히 챙겨 본다
그날이 오면 자연스레
그 비를 흠뻑 맞으리라

그리움 하나, 둘

숨기고픈 비밀 한, 두 개쯤 있어도 좋지
오래 지나지 않았으면 더 좋을
아직은 멀지도 가깝지도 않은 중간쯤 되는
익숙했던 길을 가다 보면 비밀 한 개쯤
발에 걸리지 않을까

당황도 반가움도 서로 엉켜 숨어 버릴까
여린 눈길로 요리조리
파르라니 핀 개망초꽃일까
갈색 물든 꽃일까
혹여 가여워 뚝뚝 눈물 흘리는 건 아닐까

보면 애절하고 안 보면 슬퍼지는 비밀
사랑하면 아픔까지도 포근히 안아 줄
조금은 더 성숙해졌으면
안개꽃처럼 조그마해도
아름답게 보듬어 주는 가슴이 넓었으면

그립다 고니야

하얀 눈이 내리면
서강에 작년 고니 다시 오려나
그때가 되면 강기슭에 앉아
너희를 반겨 맞으리라

난고가 좋아서 왔느냐
영월이 좋아 왔느냐

반기려 가까이 가면
훌쩍 날아가 버리는 고니나
친해 보려 팔 벌리면
먹이 챙겨 줄행랑지는 길고양이나
정붙이기 쉽지 않아

강가에 조용한 곳 빈자리 마련해 둘게
만만치는 않겠지만
기대한다
오지 않으면 무작정 기다려야지

너울에 갇히다

하늘 아래 세상이 혼탁하다
어제 불던 바람과 다름없건만
나무는 떨다 쓰러진다

앞뜰에 들풀이 사뭇 애처롭구나
저들이 그리던 그림은 결코
이런 날들이 아니었으리라

밤 별에게 물어 보리
낮달이 하늘 저편에 숨어 우는
까닭이 무엇이냐고

때가 되면 족함을 알아
지는 것도 알아야 거늘
아직도 저만 옳다고 한다

권불십년 화무십일홍
꽃은 피고 지고 열매를 맺어도
저만 가는 줄 알고 서글퍼하네

시작 노트

내가 사랑했던 모든 것들이 나를 슬프게 한 것이 아니라
내가 나를 슬프게 하며 살았다.

항심 엽기식

충남 논산 은진 성덕 출생
(사)한국다온문예 등단
문학애작가협회, 한국바다문인협회 회원
공저『문학애 바람이 분다』『초록이 가을을 만나다』
『시인의 바다 제20집 육필시집』외 다수

이유가 없는 삶이 아름답다

항심 염 기 식

꽃이 피고 지고
새순이 돋고 떨어지듯
사람도 태어나고 죽는다

사는 것이
변화무쌍이듯
요란스럽지만
우리에게는 모두
존재하고 사라지는 것뿐이다

사는 이유가 죽어야
진정한 삶의 이유가 되듯
살아가는 이유가 없는 삶을 살아야
진솔한 삶의 향기가 자리한다

우리네 삶도 어쩌면
살아가는 이유가 없는 삶이
고상하고 아름다운
살아가는 이유가 된다

희망의 시가 흐르는 아침

살가운 까치 소리
상냥한 바람에 실려
창틈 사이를 넘나들고
오가는 사람들의 정겨운 인사 소리 모아져
희망의 시가 되어 흐른다

해돋이 아침이면
하루를 여는 가슴과 가슴에
설렘과 환희의 시가 흐른다

잔잔히 솟구치는 열정들이 모아져
희망이 되어 퍼지는 아침은
상흔에 지친 잔설의 가슴에도
소망 빛 환희의 순간들이 시가
되어 흐른다

외로움

후회의 껍질인가
아쉬움의 흔적인가
시도 때도 없이 밀려드는 외로움

시련의 강을 건너지 못해
흐느끼는 바람 소리는
고독한 갈대의 읍소련가

얼마나 더 살아야
외로움마저 끌어안고 희락할까
세월 강 건너지 못한 영혼의 외침은
오늘노 갈대숲을 흔들어 대는데

비움의 미학

비움이 없는 삶은
채움을 모르는 허접한 삶이다

무한하게 채울 수 있다는 착각에 빠져
비움을 모른 채
더 소유하고 누리려는 인간들의 채움은
늘 허전함 속에서 만족을 모르고 헤맨다

자연은 때가 되면 비우고 자리를 내주는 비움의 미학을
자연스레 되풀이한다
비움의 미학을
무언의 실천으로
소리 없이 되풀이하는 자연의 경이로움
진정한 비움만이 채움이 된다고
오늘도 바람은 전하는데

마음에 비가 오는 날이면

짙은 그리움이 가슴을 헤집는다
어디부터 꼬인 줄 모르고
걸어온 길이 사방팔방 막혀
가슴 구석구석을 허무의 강으로 만들었다

흐르는 강물이라면 흘려보내면 홀가분할 것을
빗장 안에서 일탈을 모르는
허무의 강에는 상심한 영혼의 아픔이
계절도 잊은 채 비를 뿌린다

내리는 빗물이 물빛 소망이라면
가슴에 내리는 그리움의 비는
사라지고 잊히는 영혼의 아픈 절규련가

먼 훗날이 된 지금

끊임없이 펼쳐질 듯했던
먼 훗날이 애잔한 그리움으로
다가선 지금
하나둘 떠나고 잊히는 것들이
날 아프게 한다

이루려던 것들이 이루어지고 난 후
또 다른 먼 훗날을 상상해 보지만 유리 벽이다

시간이 지나고 세월이 흘러
먼 훗날이 지금이 되어 버린
경계의 언저리에
툭 던져진 연서

먼 훗날은 속절없이 사라져 간
아픈 영혼의 외침일 뿐이었다

시작노트

누구나 살아가며

비상구 하나쯤 가슴에 안고

살아간다

때론 풀리지 않는 글들이

흐린 새벽을 만나지만

떠다니는 나의 감정들을

다잡아 숨 고르기 하며

기억의 파도를 만나

눈부신 가슴으로

생각하고

다독여

내 삶의 여정을

기록해 본다

엽은미

인천 출생
(사)한국다온문예 등단
(사)한국다온문예 정회원
한국바다문인협회 사무국장
공저 『그리움 하나』 외 다수

갱년기

염 은 미

매양 하루라는 소규모 전투에
이유 없는 눈물이
내 안을 담금질하더니
불어오는 세월 바람이 야속해
지나야만 하는 그 파도는
한숨 두어 자락 시름 몇 움큼
노을이 물드는 시간
달갑지 않은 손님에
처음 대하는 거울이 낯설다

한파주의보

새파란 밤을 견뎌 내고
고요도 얼어 버린 새벽
바람 한 점도 아린 가슴에

길모퉁이
얼어붙은 그림자 하나는
매운 추위에
길을 잃었는지 꼼짝하지 않는다

엄동 속에서도 어디선가
치자꽃 피듯 향기로운데
어느 곳에선
서리꽃 피는 간격을
일기예보처럼 예측할 수 있으면
얼마나 좋을까

놓았던 손도 잡고
식은 찻잔도 덥혀
봄날 눈부신 안부가 되어
돌아오길 바라는
허기진 소망 하나가
겨울 나목 가지 끝에 매달려
더 비우라고
그리하여 더 채우라고 말한다

장마

햇살이 사라진 칠월의 한나절
빛이 빛남을 잃고
그늘이 내려앉은 날
머뭇대는 먹먹한 우기에
늘어진 오후는
가득 채운 습도로
마음의 경계가 무너진다
새벽 빗물은 흑백으로 하늘나리고
아침 안개 속에서 연꽃은 피어나는데
결국 비는 하얗게 소멸하고
열대야로 성난 여름은
8월에 당노한다

4월의 서사

느린 장단으로
천지가 아우성으로 가득한 때
아주 작은 숨과
꿈일지도 모를 기다림의 순간은
화들짝 피었다 무심한 듯 흩뿌리며
아낌없이 살다 간다
스미는 사월에
어느새 꽃을 떨군 가지
하늘 창가에 향긋이 웃으며
함박웃음 머금었을까

봄꽃 피었다 지는
한 번은 원 없이 활짝 핀 그때

오늘의 위안

아침이 오는 그 길에 몇 번의 새벽은 시작되고
몽돌처럼 다듬은 작은 소망이 담긴
부푼 여명을 준비한다

세월은 강으로 내려앉아
소스라치는 바람만 가득하고
가려진 시간이 차오르면
오늘을 마수걸이하러 감각적으로 발걸음을 뗀다

내 인생의 정원에는 무슨 꽃을 심어 피웠던가
국화꽃이 피면 비로소 가을이 온 것이라는네
기면 만느시 오는 계절 앞에 얼마만큼의 간절함으로
계절을 되새김질하며
넉넉하게 내어 주는 자연의 품에서
치유와 위로를 받는다는 것이다

그 봄은 온다

하얗게 얼었던 개울가
봄볕 들고
얼음장 아래 돌돌
봄물 흘러
시냇가 버들강아지 훌훌
겨울옷 벗으니
삼동 지난
대견한 새봄
시린 나목 움틀 그날은
반드시 오리니
이제 순리 따라
가슴에 혹여 쌓인 눈 녹일 테지요

시작 노트

정직한 세상이었으면

좋겠습니다

모든 이가 아름다운 삶을

누릴 수 있는

우리의 삶 중 가장 순수했던

그때로 다시 살아내야 합니다

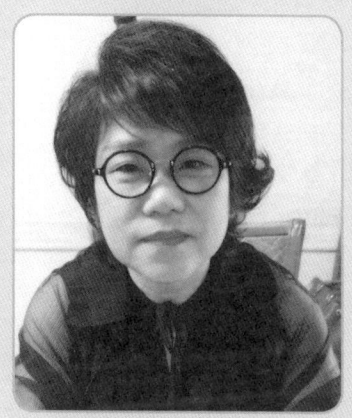

이 근 복

경기도 양평 출생
『문학저널』 등단
한국바다문인협회 회원
공저 『시인의 바다 제20집 육필시집』 외 다수

부재

이 근 복

쏟아 내는 빗줄기가 거세다
양철지붕이 쉴 새 없이
리듬을 타는 동안
양동이마다 마중물이
흘러넘친다
허기진 대지를 적셔 내는 동안
옥수수와 감자가 포실포실
가마솥에서 익어 가고
옹기종기 모여 앉은 4남매
오물오물 씹는 당신의 피와 살
그 모습만 봐도
배가 부르다고 하셨다
그러셨다 울 어머니가

가을은 아프다

뚝뚝 떨어지는 가을입니다
잔해를 지워 버리는 동안
굽은 등을 펴는 늙은 미화원의
허리가 고단해 보입니다
돌아서면 다시 펼쳐진 잔해 앞에
한숨마저 떨어지고
어느 여류작가의 가슴에도
그리움이 찾아 듭니다
걸음마다 발끝에 치이는
플라타너스의 넓은 잎은
내가 그렇듯 갈 곳을 잃었습니다
굽은 등이 고단한 미화원에게는
아픈 가을입니다

동행

여수의 밤바다에는
수많은 별들이 흘러내리고
낯빛이 부끄러운 갈대는
파란 바람에 흔들리며 고개를 숙입니다
철없던 순이는
별을 따 달라며 떼를 쓰고
어린 소녀들이 재잘대던
작은 교정에도 꿈은 피어납니다
달빛이 내려앉은
모퉁이 골목길마다 분주했던
소녀들은
별이 흐르는 바다를 뒤로한 채
전조등이
빽빽한 도시로 날아들었다
바쁜 도시에는
한가한 나비 한 마리도 없다
순수한 소년 소녀들의 중년에는
백골이 진토 되도록
단단한 끈으로 이어져 있었다

꿈

텅 빈 황무지에 깃발을 꽂습니다
모래알보다 많은 꿈은
사연이 차고도 넘쳐납니다
하늘을 수놓은 수많은 유성들
밤낮 없이 그 자리를 고수하지만
무수한 별똥별은
또 그렇게 스러져 갑니다
채워지지 않는 쭉정이만 무성할 뿐
이제 가면을 벗어 내야 합니다
저 황무지에도 만발하게
꽃을 피워내야 하기 때문입니다

커피

지구 반대편 작은 마을
어느 부족의 땀방울이
고스란히 묻어 있다
긴 목을 쓸고 내려갈 때면
쌉싸름한 맛 감사가 전해지고
철저하게 버려진 생존의 끈
세렝게티와 섞이지 않아도
빼어나게 세련된 커뮤니티
문명 속으로 쏘아 올린 신세계다
어느 부족의 고단한 열매
매일 아침 첫사랑을 만나듯
가슴 뛰는 나의 연인
나는 너를 커피라 부른다

어머니의 고향

달과 별이 속살거리는 밤
장독대를 화선지에 올려봅니다
볼록한 달항아리에는
어머니의 고향이 있습니다
척박한 땅 그곳에서도
알알이 통 집이 채워질 때면
달항아리는 배가 부릅니다
십수 년이 지나도
혀끝이 기억하는
투박하고 오묘한 그 맛에는
어머니의 혼이 담겨 있습니다

시작 노트

의미 없는 문자에 의미를 채우려 애쓴다.

밤에 쓸 땐 분명 사랑의 향기 가득 담았었는데

아침 오면 핑크빛 고백은 증발하고 부끄러움만

그 자리를 차지하던 떠꺼머리 적 연애편지처럼

둘둘 뭉치고 짓이겨 던져 버리기 전에

누군가 퇴색된 의미 되살려 읽어 줄까,

안 해도 될 고민을 또 한다.

그 고민마저 부질없는 것,

가을 지난 들판 홀로 선 허수아비 마음 반만 알아도 좋을 것을….

基 旭

2006년 시, 2007년 수필, 2009년 시조 등단
한국바다문인협회 외 다수 문인협회에서 활동 중
시집 5권, 시조집 1권, 전자책 14권 집필
동인지 및 공저 시집 다수 발간

부삽

基 旭

환락의 도가니
붉게 달아오른 정염의 덩이 퍼다 나른 원죄
골다공 심해져 볼품없는 허우대
그를 부삽이라 불렀다
아니 그렇게 불리기를 원했지만
영혼마저 열화 만발한 토굴 속 드나들며
화염의 유혹에 팔아 버린 부실함에
버려진 이름 되었다
구겨진 일상,
희나리의 몽니에 오그라드는 자존감
손때 묻은 자루에 덕지덕지 낀 저간의 이야기
보상 없이 망각의 언저리로 밀쳐낼 뿐
애당초 바라기야 했을까만
몸 살라 화려한 생 마감했던 부지깽이 닮고자
부질없는 생각에 엎어진 아궁이
연리지로 굳을 줄 알았던 자루마저 잃은 채
떠도는 영혼으로 사는 낡은 이름
그에게도 지켜야 할 자존심
보듬어야 할 식구가 있을 거란 것을
생각해 본 일 있는가, 세상에
그 이름 한 자 새겨 줄 묘비는 있는가.

백 세 시대의 허기

동성로를 남쪽으로 더듬어 가면
대구 백화점 못미처 조붓한 골목
몇 개의 좌판을 지나
좁은 나무 계단이 이끄는 곳에
"숲속의 빈터"라는 음악 감상실 있었다

연인들만 반기는 디제이
입장료 천오백 원에 음료수 한 잔
좋아하는 노래 무한 무료, 시간의 교수대

개화의 날을 기다리는
봉긋한 꽃눈들이 태교 음악을 들으며
마르지 않은 양수 속을
자유형으로 유영하던 때

가끔은 둘, 가끔은 혼자
드물게는 우르르 오르내리던 나무 계단
삐걱거림마저 시가 되고 노래가 되던
아슴아슴 잊혀 가던 기억이 선잠 깬 날
내 나이 육십 대 끄트머리…

주머니 안쪽

손 하나가 나들던
그래서 늘
손 하나만큼만 따뜻하던
주머니 안쪽
실밥 터진 옆구리 간질이며
손 두 개가 들어와
키득거린다
바코드처럼 두께가 다른
손가락 사이에
몰래 숨긴 비밀들이
서로의 촉각을 허용하면서
탐색 중이다
어둠 속 탐색은
보이지 않으므로 화려하다
서로에게 마중물 된
손가락 사이
젖은 꽃향기가 꿈을 꾼다
손가락끼리 부둥키면
그건 약속
주머니 안쪽의 비밀
좁아터진 주머니 안에서
우주를 빚자 한다

마른 꽃향기

이젠 백골이 된 콘크리트 벽에
뼈엔 과분한 꽃 한 다발
물구나무서서
시 닮은 색깔 다 흘려보내고
노래 같은 향기는 말라
늙은 소의 등가죽처럼
앙상한 언어로 굳어 간다

선사시대 언어들이 화석이 되어
저를 읽어 줄 인연 기다리듯
누군가를 기다리는 저 경건함

다시 돌려질 기도가 있다면
횃대에 걸린 숱한 날의 인내와
추녀에 덧쌓인 고뇌
활화산처럼 타오르던 삶 되짚어
그날 그 순간으로 되돌림. 되기
호흡 끊어 영원 얻은 건조함으로
방부(防腐)의 꿈 꾼다

꽃상여 일기

향기 없는 꽃 무동 타고
감동 없는 가락에 맞춘 율동에 동조하며
편도의 하루 따라나선 날
줄어든 키만큼 낮게 드리운 만장에는
낯선 일기만 빼곡하다
웅성거리다가 다시금 한산해진 울음 사이로
지나온 음보에서 몇 소절 떼어낸 후렴구 채우며
펑퍼짐한 어래산 자락 뽕밭 가는 길
억수 되어 쏟아지는 회한
저미는 가슴으로 보듬어 안고는
꿈속이라 여길 만한 회억 속 순간들을
한 땀 한 땀 잘 여며 갈무리하며
언젠가 남은 자의 날들 속에
일상의 반 페이지쯤으로라도 회자되길 바라며
허기져 갈라지는 노랫소리 따라
휘청이며 간다

굴건제복 청죽 지팡이 짚고 따라나선
새하얀 고무신의 무게가 천근이다

첫사랑

바람이 연주하는 하늘빛 소나타
아득함으로 가슴앓이라
우기고 싶은 눈부심

풀잎을 솟대 삼아
아침을 기웃대던 이슬이
영롱함을 지우고
눈물 되어 흐르던
비 그친 어느 날

소 잔등에 올라탄
여름 원두막의 분주함 속으로
생각이란 걸 들이밀어 본

까마득히 먼 옛날 쓰다 만 일기 같은
아련함에 애써 붙여본 이름

시작 노트

햇살, 하늘, 구름, 바람, 꽃잎, 꽃향기…처럼
사랑스러운 글자를 좋아해요.
둥근 세상 속에서 선하게 오늘을 살며,
내일을 열고 싶은 소망으로 글을 새겨 보았어요.

이민아

『대한문학세계』 등단
(전) 극동방송 '십자가 군병들아' 칼럼 작가
전선의 장병을 위한 '파란 꽃잎' 쪽지 편지 발행인
금강FM방송 '해피타임' 제작 · 진행자

들꽃시인

이 민 아

바람결에 하늘거리는 긴 머리카락으로
햇살과 눈 마주치며 살았는지
까망 얼굴빛을 한 나는
마음만은 하얀 눈꽃입니다.

하얀 안개꽃 같은 축복도 피어났고
검붉은 가시밭이 찌르기도 했고
감사와 불평이 맴도는 곳에서도
시인의 이름표를 달았습니다.

송이송이 꿈이 익어
내게 시인의 날개가 생기고
날갯짓하는 시의 향기마다
이 산과 저 들판에 작은 꽃잎 되어 바람과 놀게 하는
나는 들꽃 같은 시인입니다.

들꽃의 둘레에서
나는 시로 노래합니다.
나비를 부르는 꽃처럼
나의 숨결 담아 시로 꽃피웁니다.

별 이야기

별들이 걸어와요.
하늘에 세 들어 사는 별들을 다 모으고
다정히 나에게 속삭이며 다가오고 있어요.
내 기다란 머리카락 사이로 고운 빛을 피우고
그리운 이를 맞이하려 분주한 내 그림자 따라다니네요.
은빛 가루 닮은 별빛을 소복이 뿌려주고는
봄 꽃잎 따뜻이 피어난 그리움의 길에 먼저 마중 나갔나 봐요.
그대를 찾는 내 마음보다 촉촉한 별빛 손잡고 올까 봐
떨구는 눈물방울이 한쪽 빈 가슴에 묻히네요.
한쪽 빈 가슴에 그대 닮은 사랑 노래 머무르도록
별빛이 춤추는 별 물결을 같이 데려오네요.

나의 하루

얇은 손목 끝에는 둥근 지구가 있다.
아침 바람 차오르면
부드러운 햇살로 밥을 짓는다.
하늘이 햇볕을 머금으면
하이얀 마음 고이 접어 분필 잡고
꿈을 안겨 주는 들꽃이 된다.
노을빛이 내 가는 길에 춤추면
내 영혼 쉴 곳에 머물러
꽃잎 따뜻이 피워 별을 노래한다.
둥근 지구 속에서 나는 마법의 옷을 입는다.
내 뜨락은 마법사가 된다.

엄마의 향기

눈꽃을 따고 장미꽃을 따다 곱게 빻은 빛깔
엄마의 입술에 벚꽃 닮은 연한 분홍색이
지금은 내 마음에 사랑의 숨결로 남아 있어요

햇빛도 담고 시냇물로 헹구어 꾹 누른 빛깔
엄마의 손톱에 봉선화 닮은 어여쁜 빨간색이
지금은 내 눈에 그리움으로 물들어 있어요.

하늘 끝에 축복으로 태어난 끝자락 무지개 빛깔
엄마의 하늘거리는 옷에 코스모스 닮은 보라색이
지금은 내 손에 스치는 바람 되어 있어요.

분홍색 입술도 빨간색 손톱도 보라색 옷도
엄마의 거울에서 사라진 젊은 날의 보석이지만
엄마는 언제나 꽃보다 아름다운 향기가 있어요.

또 하나의 나

연한 봄바람으로 빗질하여
까망 머리카락 살포시 올리고
저 하늘 햇살 한 조각 따다
꽃잎 위에 올려 아침을 맞이하리라.

뜨락에 간밤 놀다 간 별빛 뿌리고
숨은 낮별을 꺼내 심고
포근히 시를 꿈꾸며 날아올라
축복에 쌓여 아침을 노래하리라.

콩밭 내음 떨어져
일그러진 머리카락 달아날까 묶고
긴 손가락 끝에 입맞춤하는 요리로
둥근 상은 살찌움의 꽃밭이 되리라.

마당에 툭 툭 털어 걸친 내 님의 옷
한 아이의 곱게 물든 발자국 소리
파릇한 시간이 파아란 하늘가에
총총히 꾸미고 알알이 새기리라.

나 위의 나

노랗게 보이는 저 언덕 위에 서서
잠시나마 눈을 감아 봅니다.

무지갯빛 호화찬란한 궁전보다는
소박함이 흐르는 초가집이
그 위의 박들이 장식용으로
줄지어 있습니다.

조용히 스쳐 지나가는 바람으로
지그시 담은 나의 두 눈이
세상의 빛을 만끽합니다.

두 팔을 벌리고 두 팔을 모은 채
인류의 평화를 위해 작은 기도를 합니다.
더불어 나 자신을 위해
소리 지릅니다.

저녁노을이 피어오릅니다.
나의 소망을 이루어 주듯이

나 이제 힘을 얻습니다.
꿈의 나래를 펴 봅니다.

이민아

시작 노트

어쩌다 저쩌다 원치도 않았던 태생

숱한 사연이 흘렀고 흐르고 있다

살다 보니 자식보다 시와 시조가 좋았다

무엇이든 만남은 이별하기 위함이기에

아쉬움을 줄여 보고 싶다

꽃들처럼 들녘에 모여

옹기종기 웃고 싶다

導昀 이상호

한국문인협회, 한국바다문인협회,
현대문학사조, 청풍명월정격시조문학회 회원
시집 『달빛 삼킨 돌이 걷는다』
공저 『느리게 느리게』 외 다수

우주 먹거리

導畇 이상호

지구에서
공짜로 마시는
신선한 공기
보이지는 않지만
산소 덕분에 모두 다
희희낙락 활기차다

우주에서도
수많은 별들은 무엇을
먹고 사나
별들은 가스와
광물 덩이리
보이지 않는
암흑 물질과 에너지를
마시고 살고 있대

우주와 지구
서로 숨을 쉴 수 있는 현실은
보이지 않는 산소와
암흑 물질 덕분이래

산소와 암흑 물질을 마시는 것일까
식감도 없잖아
그들에게 잡아먹히는 것인지
보이질 보이질 않으니
여기는 어디고 나는 무엇인지

괜히 왔다 간다 (중광)

가갸거녀 나녀더뎌
천상천하 유아독존
나무아미 타불타불 사바하
독불이 끝나고 골방에 들어서니
텅 빈 벽과 정적만이 거미줄 사이에 서 있다

현실은 헛되고 헛되다며
무엇이 해결이고 진보할 것인가
세상 걱정을 홀로 진 중광
참선과 고독 후
밀려드는 천둥소리
텅 빈 공허함을 씻으려
술을 마신다

마셔도 마셔도 벽은
하늘은 열리지 않는다
몽롱해진 동공은
붓을 잡아 천상에 일필휘지
화선지는 벽에

천장에 마구마구
먹물은 뿜어 낸다
달이 떴다 해가 떴다
횃닭이 울고 그림 속은
서로가 잡아먹고 잡아먹힌다

몇 날 며칠을 그려 대도
한 잔 술만은 못하다며
술을 마시고 마시니
통도사에서 쫓겨나
속세를 떠난 몸은 속세로
귀향한 육신

"나 죽으면 음 사리가 나올 거야"
걸레는 빨아서 목도리 삼고
놀사패의 장단에 흥이 돋으니
이것도 인생이라 해탈 춤을 추며
생과 영생에 널린 걸레가 된다

운명은 숙명인가
술술술 술의 기인 삼인방
천상병 중광 이외수
기인은 기인을 만나니
헛되고 헛된 세상을 타파하자며
매일 술술 술독에 빠진 기인들

술은 술 예술은 예술
알 수 없는 현실을 기인들은 글로 시로 그림으로 심취를 하니
동양의 피카소라는 평가를 받은 중광
백담사에서 마지막 심혈을 다하지만
중독된 술은 온몸에 스며들어
목숨을 앗아 간다
세상과 하직하면서
"에이 괜히 왔다 간다"
씁쓸한 예술의 향기는
바람에 바람이 물고
자유의 길을 나선다

수평선

아무런 감정도 불만도 없는 듯 늘 외로운
선 하나
파도가 거칠게 몰아쳐도 저 선은 지워지지 않는다
하늘 선은 없는데
저 사이 중심선은
왜 있을까

실금 없는 깨끗한 선 위
드높은 파랑의
꿈이 떠다니고
그 밑엔 수많은 생명이 살아간다

갈매기 날고
고기를 쫓는 어부
만선을 꿈꾸는 고깃배가 지쳐 높은 파도와 싸우는
바다에는 치열한 사투가
진행되고 있다

위아래 중심
펼쳐진 굵고 긴 선이
평화의 심판을 보지만
한 줄기 장맛비는 저 선을
지워 보려 힘차게 억세게
애쓰고 있다

우중의 눈물

팔라듐이 반짝인다
가슴에 미열이 감지된다
결핍의 생각은 과거에만 머무니
앞을 가로막은 벽을 허물어야 미래가 열린다

바다는 멀다 시간이 없다 근거리에서 해결하자
산허리에 걸친 운무와
계곡의 시냇물을 마주하니
마른 입술이 촉촉하다

잔기침을 오래 하면 병이 생기니
손가락 사이로 빠져나가는 바람이라도 잡아
불문율의 강을 건너 보자

반복되는 절기와
우주의 질서는 정연하다
상식을 넘나드는
전자들의 배신

면적에 기압을 붙이니
천둥과 번개가 화답을 한다 부딪치는 광란의 운무
하절기 심장을 향해 불을 쏜다
아귀들의 웃음소리
고아들의 통곡의 눈물이 밤낮으로 쏟아져 쏟아지네

시작노트

시 한 소절 창작을 위해
손잡은 우리의 동행 길
오대양 육대주를 돌고 도는
시 울림 번져 가는 동인들

미약한 힘을 서로가 응원해
백지 위의 큰 먹물 힘 번져
독자들 찬사 받는 문인이 되기 위해 노력을
정진해 가리라 다짐을 해 본다

청송 이정석

2006년 문예사조 시 등단
2010 자랑스런 한국인 문학 부문 대상 수상
2018 한국청소년신문 청소년지도자 문학 부문 대상 수상
2019 물항기문학상 아름다운 문학인상 수상
2023 삼일절기념 및 8·15 광복절기념 삼행시 문학상 대상 수상
제4회 소리백일장 장원 수상
청명문학상 연담작가상 수상
공저 『시인의 바다 제20집 육필시집』,
　　 정격시조 동인 시집 외 다수 발표.

맷돌

청송 이정석

돌고 도는 원형의 순리로
먹고 먹는 과욕의 삶이여

인생사 모든 것이
비워져야 채워지는
냉엄한 순리를 가르치는 너

그래도
노력한 대가만큼은
반드시 돌려주는 너

늘 채우지 못한 어처구니에
사람 손이 닿을 때까지
입 벌리고 사는 너의 삶이여

낚시꾼

잔잔한 수면 위에
찌의 작은 꿈에서
월척의 꿈을 키우는 외골수 인생

커지는 욕심일까
무상의 한계일까

너 같은
한눈팔이 삶
고기 잡아서 웃고
고기 놓치고도 웃는 너

너 닮은 삶을 위해
난 오늘도 무한 질주 중이라네

호박

우리 어머님 깊은 구덩이 파고
호박씨를 심으셨네
그것도 자식처럼 잘 길러
호박꽃이 필 때쯤이면
저건 꽃도 아니라고 비아냥댔네
미운 놈 떡 하나 더 준다고
거름 한 삽 후하게 더 퍼 주며 길렀네
비바람 이기며 슬금슬금 자라
남의 밭에 새끼를 많이 쳐서
애호박으로 은혜에 보답하네
하나는 계속 몸집을 불려
가을 햇살 아래 배 쑥 내미니
고놈 맛나게 생겼다 침 흘리네
크게 잘 익은 호박 우리 집에 와서
큰 거실 상석에 모셔 놓고
우리 엄마처럼 모시고 산다네

닭의장 풀꽃

세상을 향한 더듬이 앞세우고
임을 향한 두 귀 쫑긋 세워
임 오는 소리 반기고 사는 너

파란 꽃잎 금빛 꽃술의 장식을 보니
옛날 벼슬 한자리쯤 한 듯
월계관 쓰고 있는 예사롭지 않은 맵시에
내 눈길 가는 너

알찬 내 삶 챙기어
꽃피어 올바르게 살아
당당한 꽃의 주인공이 된 너
나도 너처럼 찬란한 꿈을 펼쳐
내 인생이 아름다운 월계관을 쓰고 살리라
다짐을 해 본다

대나무

푸른 기백
하늘을 우러러
부끄럼 없는 삶

속이 비어도
마디에 힘을 채워
당당하게 사는 너의 삶

푸른 잎 서로 기대어
칼날 가는 결기로
자정 능력 다지고 키우는 삶

청백리의 원천
대쪽 같은 너의 기백
뚝심으로 키워 가는 푸른 노래여

대금

뼈대만 곧게 세워
하늘로 올라간 너

빈 마디 숨겨 놓은
천상의 연주 소리

비어도
빈 것이 아닌
천년 소리 내재율

*청명시조문학상 수상 작품.

시작 노트

유난히 더웠던 올여름

이젠 9월도 여름철이라는 말이 실감 난다

이번 시작은 올여름과 상관없이 지어

총기가 살아 있을 것으로 생각한다

독자들이 읽고 감성을 깨우는 데

조금이라도 도움이 됐으면 좋겠다

허 문 규

『다시올문학』 등단
부천예술인협회 예술상
물항예술제 백일장 입상
한국문인협회 부천지부 회원
한국바다문인협회 회원
시집 『별의 유전자』
『꽃이 진다구요?』 외 동인지 다수 출간

코로나바이러스

허 문 규

입은 야누스 같은
두 개의 얼굴을 가졌다
생사의 시소게임 주인이고
소통의 도구로서도 주전이다
입은 삶을 지양하면서도
북망산을 바라보곤 한다
최소 단위를 수없이 잘게 나눈
하찮은 것에 요단강을
넘나들기도 하고
미천한 입에 거칠 것 없이
아방궁을 짓고
절망의 케레스 신으로
변신하기도 한다
신이시여 두툼한 입술을
한 광주리 제물로 바치오니
제발 노여움을 푸소서

홍시

너는 생이 무르익어
삶이 정점에 있는데
아무리 달곰한 삶이고
주홍빛 아찔한 유혹으로
군침을 삼키게 한다 해도
세상이 몽땅 달콤한 양
너무 으스대지 마라
너의 올챙이 시절 때
엄청나게 아리고 떫었던
사실을 잊으면 곤란하지
너무 잘난 체하다가는
묵사발이 될 수가 있어

식량의 가치

화면에 시선이 꽂힌다
사자가 가젤을 사냥하는
영상이 펼쳐진다
온 힘을 다해 가젤을 쫓는
사자의 숨소리가 거칠다
가젤은 사자 가족의
한 끼의 식사가 된다
동물들은 결코 먹이를
쌓아 놓거나 모아 두지 않는다
어쩌면 자연의 질서와 평온을
유지하는 것일 수도 있다
사람들의 죄악은
평생 먹고도 남는 식량을
모아 놓고 쌓아 놓는 데서
시작된 것은 아닐까

수덕사의 가을

넓게 피멍 든 바람은
굽이굽이 산속에 숨어들어
아픈 몸을 누인다
세상에 널브러져 살다
지쳐 쉴 곳 찾아드니
귀뚜라미는 내 맘인 듯 울고
여승의 목탁 소리에
야윈 피멍은 번져만 간다
세파에 아롱진 붉은 매듭
무아의 세상에서 풀고
산속에서 숨 쉬는 이 모두
바람의 아픔을 위로하려는 듯
오색 빛 머플러를 두르고
두 손 모아
부처의 자비를 빈다

음식물 처리기

장이 녹아내린 상추와
등창으로 곪아 터진 참외
살점이 떨어지고
허리가 꺾인 배추와
속이 문드러진 고구마가
관속으로 들어온다
쉬어 꼬부라진 총각김치와
생선 대가리가 해체된 채
이어 들어온다
이들의 혼령은 서로 위로하며
단심가를 합창한다
봄은 정갈하게 씻겨
수의로 입혀진 채
미생물의 제단에 올려지고
소문은 한순간에 퍼져
큰 잔치가 벌어진다
결국은 미생물의 배설물이 된
주검들은 엄숙한 분위기 속에
수목장으로 치러진 뒤
다시 상쾌한 공기와
맑은 물소리로 태어난다

더러워질수록 깨끗해지다

백조가 까마귀가 되고
그 까마귀 속에 백조가 산다
세상에 와서 저승에 갈 때까지
더러움을 감싸안은 조선백자다
한 번 걸레는 빨아도 걸레라는 말은
경멸의 악다구니가 아니라
전문성과 장인 정신을 뜻한다
이쯤 내 마음을 비추는 거울에도
걸레질을 해야 하지 않겠는가
더는 내려갈 데 없이
내팽개친 자존심이지만
청결한 세상을 갈구하기에
자존심은 하늘을 찌른다
걸레 없는 세상을
상상이나 할 수 있는가
하는 짓과 주둥이가 걸레라면
더러움과 시궁창이지
봉사와 희생함으로써
세상이 깨끗해지는 걸레와는
달라도 너무 다르다

시인의 바다 제22집
— 이유가 없는 삶이 아름답다

한국바다문인협회

인쇄 1판 1쇄 2024년 11월 13일
발행 1판 1쇄 2024년 11월 20일

지 은 이 : 한국바다문인협회
펴 낸 이 : 김천우
펴 낸 곳 : 문학세계 출판부 / 도서출판 천우
등   록 : 1992. 2. 15. 제1-1307호
수   소 : 서울시 광진구 구의강변로 85 강우빌딩 7F
전   화 : 02)2298-7661
팩   스 : 02)2298-7665
http://cafe.naver.com/chunwu777
E-mail : cw7661@naver.com

ⓒ 한국바다문인협회, 2024.

값 10,000원

＊도서출판 천우와 저자의 서면 동의 없는 무단 전재 및 복제를 금합니다.
＊저자와의 협의에 따라 인지는 생략합니다.

ISBN 978-89-7954-942-3